이광수 시집

으아아앙

글나무

이 도서의 국립중앙도서관 출판예정도서목록(CIP)은 서지정보유통지원시스템 홈페이지(http://seoji.nl.go.kr)와 국가자료종합목록 구축시스템(http://kolis-net.nl.go.kr)에서 이용하실 수 있습니다. (CIP제어번호 : CIP2019042686)

으아아앙

| 작가의 서

여덟 번째 가을

언어가 주는
리듬감에 끌려 들어갔다
어느 순간 나는 하나의 단어를
몇 번인가 반복해서 소리내기 시작했다
단음절이 주는 깊이 그 깊이 속에서
각자 다른 모습을 보여 주는 단어들의 향에 취했다
2음절의 상큼함, 입술 밑으로 뚝 떨어지는
시원함이 바람처럼 달려든다
3음절의 깊이와 4음절의 넓이가
만들어 내는 바다와 같은
고요함과 출렁거림이 햇살처럼 따갑다
익숙했던 것이 새로운 모습으로
가슴속에 자란다

2019년 10월에 우경당에서

차례

5 저자의 서 | 여덟 번째 가을

제1부

17 길
18 집
19 정(情)
20 별
21 물
22 불
23 강
24 산
25 응
26 절(寺)
27 개
28 객(客)
29 금(金)
30 꽃
31 눈(目)
32 넋(魂)

이광수 시집

33 덫
34 돌
35 딸
36 멋
37 방(房)
38 비
39 신(神)
40 열(熱)
41 약(藥)
42 일(業)
43 잠(眠)
44 차(茶)
45 촌(村)
46 콩
47 피(血)
48 땅
49 달(月)
50 도(道)
51 땀

차례

제2부

55 　 도로(道路)
56 　 빌라
57 　 사랑
58 　 우주
59 　 우물
60 　 횃불
61 　 샛강
62 　 영산(靈山)
63 　 으앙
64 　 사찰
65 　 똥개
66 　 손님
67 　 순금
68 　 들꽃
69 　 눈물
70 　 영혼
71 　 올무
72 　 바위

이광수 시집

73 여식
74 맵시
75 안방
76 단비
77 산신
78 열정
79 보약
80 직업
81 단잠
82 녹차
83 시골
84 흰콩
85 핏줄
86 토지
87 반달
88 도의
89 진땀

차례

제3부

93 신작로
94 아파트
95 에로스
96 미리내
97 정화수
98 모닥불
99 아리수
100 뒷동산
101 이이잉
102 일주문
103 진돗개
104 게스트
105 노다지
106 야생화
107 눈동자
108 고스트
109 올가미
110 돌멩이

이광수 시집 **으아아앙**

111　외동딸
112　멋쟁이
113　사랑방
114　이슬비
115　하느님
116　열사병
117　상비약
118　전문가
119　새우잠
120　국화차
121　농어촌
123　검정콩
124　피바다
125　묵정지
126　초승달
127　도덕성
128　구슬땀

차례

제4부

131	아스팔트
132	전원주택
133	혈육지정
134	은하성단
135	설거지물
136	불꽃놀이
137	아마존강
138	백두대간
139	으아아앙
140	천년고찰
141	파트라슈
142	백년지객
143	일확천금
144	해바라기
145	카리스마
146	저승사자
147	목함지뢰
148	기암괴석

이 광 수 시 집

149 무남독녀
150 패션 모델
151 구중궁궐
152 집중호우
153 옥황상제
154 모래사막
155 만병통치
156 명인 명장
157 고양이 잠
158 다도 여행
159 두메 산골
160 알콩달콩
161 피골상접
162 문전옥답
163 대보름달
164 인간 도리
165 개발의 땀

제1부

길

한 마디로
긴 이야기를 풀어놓는다
서성이고
망설임을 안고 서 있다
두리번거리는
흔들리는 눈빛이 모여 있다
모퉁이 없는
곧게 뻗은 길을 찾아
웅덩이 앞에서
발을 적셔야 하는지
의문을 가슴에 담고
마주해야 하는 미로의 만남이다
언제나 길은 눈앞에 있다

집

자전은
멈추어지지 않는다
어제의 일상들이
오늘을 걸어간다
마음의 나침판 따라
무심의 발이 걷는다
기다림이 없어도
들어가야 한다
온기가 맞아 주지 않아도
찾아가야 한다
좌표를 찍지 않아도
등대처럼 빛이 된다

정(情)
—물

젖어 든다

사이만큼
나는 너에게
너는 나에게 스며든다

손가락인지
발끝에서인지
시나브로 적셔 든다

온몸이 젖는지 모르고
화내고 싸우며 산다
온 마음이 물들었는데
사랑이라고, 미움이라고 한다

별

땅거미가 내리면
주섬주섬 가방을 챙겨 든다
어제
지나온 길 지도 삼아
터벅터벅 길을 나선다
어미가 비추는 길을 따라
여기저기 기웃거리지도 않고
곧게 뻗은 길을 간다
새벽까지 엉덩이 붙이지 않고
정해진 길을 걷는다
어미의 빛이 멈추는 순간까지!

물

얇은 가슴은
언제나 열어 놓고
있는 모습 그대로 비춘다
깊은 가슴은
푸르게 숨어
누구에게도 마음을 허락하지 않는다
세상을 담아
온전하게 누구에게나 허락한다
세상을 띄워
완전하게 한 사람도 빼놓지 않고
원래의 자리에 내려놓는디

불

하늘의 선물
감당하기에는 무섭다
삶의 터전을 태워 버린다
다가가기에
두려움이 커다란 벽이다
누구 손도 허락하지 않는다
하늘이 잠든 사이
불을 훔쳐
세상의 추위를 이겼다
가끔,
분노의 포식자가 된다

강

강은
혼자 흐르지 않는다
골짜기 계곡물 받아
시원하게 목축이고
들녘의 논물 받아
피곤함을 씻어 낸다
도시의 검은 물을
투명하게 밝혀 준다
하나의 강이 되어
지나간 마음 잊고
바다로 모여든다
강이란 이름을 잊고
바다가 된다

산

마주치는
눈빛이 편안하다
화낼 줄 모르고
입가에 웃음을
소리 없이 전한다
날마다 다른 가슴으로 안고
달마다 다른 차림으로 품는다
하나도 좋고
셋이어도 좋다
넓은 가슴으로 안는다

응

흐르는 물처럼
막힘없는 편안함이
입술 사이를 비집고 나온다
1㎝ 거리도 허락하지 않는다
자연스러움이 번진다
모든 것이 이루어질 듯
미래가 오늘처럼
사람 사이에 놓인다

절(寺)

마지막에 머물 곳이다
손이 거칠어지고
눈이 아물아물할 때
모든 것 던져버리고
가쁜 숨을 달랜다
거북이처럼 걸어서
힘들었다고
이제, 다 놓았다고
마지막 울음으로 고백한다
나목처럼 앉아서
가슴에 스며드는
비움의 편안마저
잊어버리는 시간이다

개

시스템대로
주인이 오면 꼬리 흔들고
낯선 얼굴에 긴장하고 짖어댄다
배가 고프니
주는 대로 물컹물컹 먹는다
따가운 햇살에
그늘을 찾아 꾸벅꾸벅 자고
눈을 뜨면
여기저기 뛰어다닌다
앞집 놈이 뛰면 같이 뛰고
옆에 놈이 짖으면 덩달아 짖는다
마당 한편에 집 짓고

객(客)

먼지 묻은
신발을 툭툭 털며
하룻밤 묵기를 청한다
피곤함이 눈가에 가득하다
반갑지는 않지만
물리칠 수 없는 매무새다
밥 한 끼 챙겨 주면
뚝딱 해치우고
방바닥에 등 붙이고
코 골며 잠에 떨어진다

금(金)

누런
황홀한 빛으로
세상 위에 군림한다
컴컴한 지하에서
단련하고 단련해서
지상의 왕이 된다
세상이
굽신거리고
아양 떨면서
무릎을 꿇는다

꽃

어디에 있어도
아름다운 이름을 갖는다
보는 이가 없어도
예쁜 자태를 뽐낸다
누구를 만나도
화사한 웃음을 지어낸다
죽어서도
그 이름을 놓지 않는다

눈(目)

흔들리는 잎들이
바람을 상상하게 만든다
햇빛이 만드는 환상이
세상에 전부가 된다
일출 앞에 가슴 열리고
반짝이는 별과 사랑에 빠진다
푸른 산에 마음 내놓고
보고 또 보고
하나의 세상을 그린다

넋(魂)

하고 싶은 말이
너무 많이 남았다
해야 할 일을
산더미 같이 남겼다
억지로
손목 잡혀 떠나온 세상
떠나지 못하고
가슴에 미련들을
산처럼 쌓아 올리며
어스렁 어슬렁
배회의 물레를 돌린다
위로의 말을 듣고 싶어
지금 곁에 머문다

덫

피하고 싶다면
피할 수 있는 것일까
어떤 길에
어느 시간에
발목을 잡을지 모른다
누군가의 의도
어떤 이의 앙심으로 놓는다
걸려든 사람은
그저, 이 순간을
이 자리를 벗어나고 싶다

돌

시간을 먹고 산다
세월이 온몸을 후벼도
소리 내지 않는다
햇볕이 온몸을 때려도
멍들지 않는다
빗소리에 몸 담그고
바람으로 샤워하며 산다

딸

까실까실하다
통통 튀는 귀여움이다
실실 눈웃음 짓는다
호주머니를 털어 간다

멋

숨지 않고
언제나 튀어나온다
날카롭지 않게 뾰족하고
평범하지만 특색이 묻어 있다
넘치지 않을 만큼
눈동자에 가득 담는다
가벼운 눈인사로
발걸음도 잡아 놓는다
평안함으로 살지만
긴장감을 놓지 않는다
멀리서 찾지 않고
가까운 데서 그려 낸다

방(房)

사방에
벽이 없다
평안함이
바닥에 깔려 있다
하루를 내려놓고
나른함을 베개 삼아 눕는다
스며드는 잠 소리에
귀를 세우면
또 다른 세계가
눈동자로 스며든다

비

무겁다
버겁다
견디다 견디다
무섭게
수직으로
떨어져 내린다

방울방울
온몸으로
튀어 올라
소리 없이 스며든다
다시
무거움에 떼 지어 구른다

신(神)

무슨 말을 할까
위로에 감사하고
경고에는 두려움이 있다

어떤 말을 할까
축복에 무덤덤하고
화냄에는 같이 화를 낸다

그저
묵묵히 바라보고
지켜보는 것이 일이다

열(熱)

세상과
소통하는
존재의 형상이다

숨 쉬고
생각하고
걷게 하는 원천이다

눈뜨게 하고
드러나게 하고
자연을 일으켜 세운다

약(藥)

길을 놓고
주저앉은 자리에
햇볕 같은 따사로움이다

마음 놓고
서성거리는 곳에
한 모금의 서늘함이다

빛을 세우고
바람을 멈추고
한 걸음 내딛는 본능이다

일(業)

꼭이라
말하지 않아도 된다
마음이 시키면
안 하기도 하고
하다가 그만두기도 한다
책임감이 없어
가끔, 던져 버린다

서 있는 것이
중요하지는 않다
마음을 모아
온몸으로 해야 한다
시간을 잊고
자신만의 시간에 빠진다

잠(眠)

상식이다
벗어날 수 없다
하루를 내려놓는
마지막 공간이다
무거움 놓고
평안함을 덮는다
선물을 받기도 하고
두려움을 얻기도 한다
벗어나지 못하면
멱살 잡혀
식탁에 앉혀지고
문밖으로 던져진다

차(茶)

봄이
가장 먼저 머물고
햇볕들이 쉬던 곳
겨울도
파랗게 이겨냈다
바람도 흘려보냈다
한 줄기 봄비 모아
진한 아침의 서늘함을 만든다
떨어지는 별빛 모아
한밤의 고요함을 쌓는다
잔잔함 익어 간다

촌(村)

개천가
걸어가는 미루나무가
동구 밖 느티나무와 부딪친다
산등성이 넘어가는
성실한 태양이
못내 아쉬움에
집집마다 불을 지른다
이불을 편다
잠들지 않는 아이처럼
호롱불이 징징댄다

콩

색을 가졌다
맛있는 흰색
멋진 검정
정열의 붉은색

마술사처럼
물, 물을 마시고
긴 다리 세우고
오똑 머리 들고
나물이라는 이름을 뽐낸다

싱싱하게
고소하게
간간하게

피(血)

힘이다
강하고 빠르다
물러섬이 없다
정의 앞에
언제나 한 몸 던진다
두근두근 불안함이
차가움으로 밀려와도
결코
되돌아가는 일 없이
오직, 앞만 보고 걷는다

땅

존재의 이유를
언제나 상기시켜 준다
기본을 세우고
항상 눈을 떼지 않는다
한순간도
마음 놓지 않고
충실한 모습만 보여야 한다
한순간에
넘어지고 사라지기에

달(月)

하루도
같은 모습을 보여 주지 않는다
조금은 찡그리고
약간은 우울한 모습으로 나타난다
가끔 구름 뒤에 숨고
바람에 끌려가기도 한다
하나의 얼굴이 아니다
큰 미소도 있고
호탕한 웃음도 터드린다
늘 어둠 속에 머문다
밤길을 비추고
변화를 좋아한다
비추는 마음 따라
다르게 마주칠 뿐이다

도(道)

끝인가
시작인가
모든 것을 기억하고
세상을 잊을 수 있다
슬픔도 기쁨도 떠난
평화로움의 창(窓)인가
화낼 사람도 없고
성낼 일도 없는 세상이다
세상의 강 위에
쪽배 하나 띄우고
무심으로 노를 젓는다

땀

소중한 것 지켜내기에
과학이 많은 것을 삼켰다
건강함을 이야기하기에
시간이 너무 빨리 지나갔다
더위는 에어컨에 눌리고
꿈틀거리는 근육은 기계에 밀렸다
매끈한 몸
깨끗한 옷이 대세다
스마트한 정장이 성공의 표상이다
그래도
노력이 땀으로 불리고
성공은 땀의 결과라고 말한다

제2부

도로(道路)

늘 사람을
한가운데 머물게 한다
왼쪽, 오른쪽 사방으로 뚫렸다
많은 시간을 붙잡지는 않는다
어느 길을 선택하고
가다가도 다시 돌아와
다른 선택을 해도 될 것 같은
아쉬움, 미련을 남기지 않는다

빌라

긴 골목길이
가로등을 달고 섰다
걸음이 어둠을 밀어낸다
번호 누르는 소리에
불빛이 계단에 눕는다
피곤이 계단을 높이고
쉬고 싶은 마음이 몸을 당긴다
안에 사람이 있어도
비밀 번호를 누른다

사랑
—불

수많은 것 중에
하나가 부딪친다
가슴, 깊숙이 숨어 있던
무엇이 튀어나온다
세상과 마주친다
불꽃도 없이 타들어 간다
어느 순간
폭죽처럼 터져 버린다
세상은 온통
한 가지 색으로 물들어 버린다

우주

어제의
수많은 이야기를
오늘은 지우고
새로운 세상을 만들어 간다

아름다운 것은 사진이 되고
슬픈 것은 기억이 된다
새 필름을 끼우고
모든 기억을 초기화하고
언제나 새롭게 하루를 연다

우물

새벽 깨우는 소리에
별이 놀라 숨어 버린다
잠이 묻은 나른함을
두레박에 담아
풍덩 던져 넣는다
고요가 튀어 오르고
새벽이 가득 담긴다
이리저리 몸을 흔들면
덜 깬 저항이
어스름 속으로 스며든다
쏴-악
밀려들던 잠이 도망친다

횃불

차가워진 머리가
가슴을 뜨겁게 달군다
열기는 불꽃으로 타오르고
하나둘 발길이 모여든다
수많은 손들이 올라간다
부당함을 찌르는
날카로운 불빛이
세상의 어둠을 몰아낸다
거센 바람에도
질긴 생명력으로 높게 타오른다

샛강

잔잔함이
물고기도 느리게 만든다
새들도 여유롭다
길게 솟아오른
갈대들이 길을 막는다
오리가 길을 만들고
새들이 집을 짓는다
거친 물살이
가끔, 가슴을 후벼도
출렁이던 강은
다시 조용조용 흐른다
갈대가 허리를 펴면
바람이 길을 만든다

영산(靈山)

엄마의 가슴이다
살며시 눈 감으면
솜털 같은 잠이 스며든다
밀쳐내지 않고
불안은 덜어 내고
슬픔은 마르게 한다
사랑에 마음 고이고
휴식 같은 자리를 만든다
할머니 같은 맛있는 곳이다

으앙

새싹이
땅을 밀듯이
위로 솟아난다
바람이
잎새를 간지럼 태우듯
살살 스며든다
말하지도 못하고
손짓하지도 않고
세상을 향해 소리 지른다

사찰

걷다가
들길 지나
동네길 중간쯤에
머물지 않는다
산모퉁이 돌고
징검다리 건너
숨이 씩씩거릴 때쯤
한적한 물소리가 난다
고요함에 비켜 앉아
바위처럼 정좌하고
자연과 하나 되어 있다

똥개

먹을 게 없다
사람도 말라가는데
먹는 것이 귀했다
죽지 않을 만큼 준다
위장을 채우지 못해
허기가 따라다닌다
먹어야 살기에

손님

어제부터
아침까지
청소를 해야만 한다
시장보고
음식도 준비해야 한다
시계를 들여다보며
문밖에 귀 세우고
기다림을 부풀리는
반가운 사람이다
어떡하면 잘 보일까
무엇을 맛있게 먹일까

순금

거르고
또 거르고
얼마를 했는지 모른다
그래도
전부는 아니다
언제나 하나가 부족하다
해도
아무리 해도
채울 수 없을 때
'순'자가 불쑥 튀어나온다

들꽃

바람의 길목에
뿌리를 내린다
햇살 쉬는 곳에
싹을 틔운다
빗물 스치는 자리에
줄기를 세운다
밤이 스며드는 시간에
잎새를 넓힌다
별이 쏟아지는 날
꽃을 피운다

눈물

가슴이 녹는다
평평한 가슴이 내가 된다
싹 틔워 봄을 만들고
잎새 넓혀 여름을 덮는다
낙엽 되어 가을에 젖는다
세상이 아름답게 물든다
슬픔을 슬픔답게
기쁨은 더 기쁘게
세상에 던지는 진주다

영혼

어느 때에 있는가
예쁜 눈으로 세상을 짓는다
기쁨을 만들고
행복을 쏟아 놓는다

어디에 있는가
슬픈 눈으로 세상을 연다
눈물 뿌리며
절망을 쏟아 올린다

하얗게
때로는 빨갛게
캔버스 위에
색깔을 덧칠한다

올무

어제도 걸었고
오늘 아침도 뛰었던 길이다
일상이었다
본능처럼 뛰다가
목이 조여든다
살겠다고 달아나면
날카롭게 살을 파고든다
소리도 지르지 못하고
가쁜 숨으로 기다림을 키운다

바위

바람이 흔든다
움직일 줄 모른다
물결이 밀어내도
물러나지 않는다
만년의 뿌리로
땅에 중심을 잡는다
햇볕이 추위를 덥히고
바람이 더위를 쫓는다
시간을 눌러앉아
요지부동 정좌하고

여식

겸손하다
은은한 자랑스러움이 있다
보는 것만으로
즐거움을 만들어 놓는다
조금은 멀리서
바라보게 되는 자리이다

맵시

조금 날카롭게
눈길을 잡아 놓는다
평범함을 넘어서는
빼어남이 묻어난다
흩어지지 않고
모아내는 힘이 있다
한 부분도 놓치지 않고
뾰족하게 날을 세운다
거슬리는 듯하면서도
애매함을 넘어서는 선이다
감탄사를 자아낸다

안방

따뜻하다
엄마 무릎에 누워
낮은 천장 바라보다
잠들던 기억이 있다
경대, 바느질 통이
정물화처럼 있다
머리 빗던 참빗
신문지에 말린
하얀 실뭉치가 보인다

단비

그리움이
온몸으로 갈라진다

보고픔에
손발이 말라간다

배고픔이
푸석푸석 삭아간다

갈증에
시들시들 익어간다

톡 톡
눈을 뜨니
반가움이 쏟아진다

산신

산색만큼이나
푸르른 마음으로
그 속에 머문다
허허로운 인자함이
곳곳에 꽃피게 하고
여기저기 열매 매단다
배고프면 먹을거리 주고
힘들어하면 짐 벗겨 주고
아픈 이에게 건강함을 선물한다
모두 내어 주지만
가끔 인간이 무모함에
성냄으로 오만함을 눌러 놓는다

열정

어디서 왔는가

가슴인지?
심장인가?
뜨거움을 만든다

이성이나
머리에는
날카로운 차가움이 찬다

계산되지 않는
무모함이 쫓는
등대 같은 불빛이다

보약

서늘해진 곳
퍼즐 조각처럼
자리를 찾아 평온함을 세운다

깨진 곳에 날카로움
사포질의 부드러움처럼
있던 자리에 대한
평안함을 내려놓는다

없던 것을 만들고
비뚤어진 것 바로 세우고

직업

아침밥 먹고
기계처럼 달려간다
하루 몇 번인가
문 열고 나가고 싶다
책상 위 사진이
의자에 주저앉히고
스마트폰 동영상이
자리를 떠나지 못하게 한다
약육강식의 사다리
같이 웃고
함께 떠들고
그리고
말없이 위로를 전한다
어둠 내리고
쫓기듯이 돌아간다
밥을 먹고 잠을 자야
내일로 출근할 수 있다

단잠

달다
온몸 신경세포에
가벼움이 자라고
아늑함이 커진다
시간을
두 배로 달리게 한다
조금 불편해도
마음이 풍선처럼 올라간다
다시, 시작의 마음을 연다

녹차

산비탈에
길을 열어
바람을 잡아 섞는다
잎으로 이슬을 모아
그리움을 키워 간다
푸른 마음을
골짜기에 풀어 놓는다
안개가 길을 잃고
여기저기 머무는 동안
기다림의 시간이
깊게 찾아드는 고요를
차 한 잔에 담는다

시골

길이
논으로
밭으로 달려간다
앉은뱅이 풀들이
산길에 블루로드를 깐다
지게 가득
소 먹일 풀을 지고
싸리문을 들어선다
큰 눈의 검둥이가
마루 밑에서 나오고
여물통 먹이에
누렁이가 음매 웃는다
부엌문이 삐걱 열리면
굴뚝 위로 연기가 피어오른다
신작로 끝에 여름 저녁이
우체부처럼 문을 열고 들어선다

흰콩

큰마음 가졌다
한 모습 싫어하고
제 성질 묶어 놓지 않는다
맷돌 갈리고
절구 만나 부서지기도 한다
간수에
하얀 속살을 보여 준다
볏짚에 잡혀
허공에 매달리기도 한다
맛으로 세상 만나
간간함으로 입맛 돋운다

핏줄

철옹성이다
무엇도 부수지 못한다
깨뜨리면
다시 살아난다

질기다
어떤 칼도 들지 않는다
상처 내면
더 단단해진다

포기할 수 없다
끝까지 끌어안고 간다
그 길이 낭떠러지라도

토지

언제나
가슴을 열어 놓는다
아이가 꽃 심으면
든든하게 잡아 꽃을 키운다
아낙이 채소 뿌리면
영양소 나르며 열매를 매단다
사내가 나무 심으면
새 불러 주고 바람도 데려온다
아들같이 키워 낸다
부르고 싶은 대로
산이면 산이 되고
밭이면 밭이 된다
얽매이지 않고
내어 주는 어머니다

반달

반쯤 왔다
되돌아가는 길인가
가던 길 가는 중인가
어느 길 가든
끝이 보이는 길을 간다

반이다
채우는 시간인가
깎아 먹고 있는 중인가
사라지든 채우든
끝이 있는 일을 하고 있다

도의

마지막 철조망이다
사람이라는 이름으로
사람들과 어울리며
사람들이 사는 세상에 사는 이유다

울타리 없이 홀로 서면
날카로운 시선이 몸을 찌른다
그러나 죽지는 않는다
낯선 시간이 기다릴 뿐이다

진땀

형체 없이
달려드는 두려움이다
침착하자 외치면
가슴이 더 요동친다
송글송글 맺힌다

잘하려는
마음을 지키려 한다
실수하지 말자
최선을 다하자 하면
손바닥이 미끈미끈하다

제3부

신작로

풀 풀
흙냄새를 흘린다
흙 흙
풀냄새를 풍긴다

달려가는 등굣길에
운동화를 적시고
터벅터벅 하굣길에
흙먼지를 입힌나

가끔, 경운기 올라타
점프 놀이 하며 오는 길
일본 냄새 나던
추억 속에 길이 있다

아파트

곡선과는
만날 수 없다
날카로운 직전만이
탑을 쌓아 올린다
선글라스로
서로의 관심을 막는다
조금 불편해도
참아내지 못하고
작은 이익 앞에
떼거지로 몰려든다
한 지붕 가족이지만
괄시하고
무시하고

에로스
—바람

모퉁이 돌아설 때
바람이 가슴을 친다

아리게
들불처럼
끊임없이 일어난다

무방비 가슴은
바람에 깊게 물든다

미리내

소리 없이
눈으로 흐른다

부딪쳐도 소리 내지 않고
막아도 넘치지 않는다

길을 따라 모여든다
자기 길로 흘러간다

정화수

새벽이
작은 상다리를 받치면
간절한 가슴이
백자 빛 사발을 만든다
투박한 두 손이
어둠을 휘젓고
정성이 열을 내면
사발 안 물이
진동을 시작한다
우주로 진리로

모닥불

사람들이 모이고
이야기가 쌓여 간다
이야기에 불을 붙인다
토닥토닥 리듬을 탄다
퉁닥퉁닥 줄을 튕긴다
움찔움찔 어깨를 들썩인다
출렁출렁 춤을 춘다
둘이 하나 되고
셋이 하나 되어

아리수

긴 여행에도
지침이 없다
맑은소리로 노래하고
반짝이는 눈으로
세상과 인사한다
나무에 찔린 상처도
바위에 뚫린 멍울도
닦고 닦아 내며
세상을 쓰다듬어 준나
없는 길 만들며
목마름 있는 곳 달려가
시원함 선물하려
투명한 가슴 열어 놓는다

뒷동산

사진을 걸어 놓은
전시회의 풍경을 가졌다
스틸 사진처럼
달려가는 기억이 있다
추억이 즐거움이고
기억은 웃음이 된다
진달래 묻은 입술도
토끼를 쫓던 발길도
마르지 않는 샘물처럼
웃음을 퍼 올린다

이이잉

오선지를
뛰는 음표처럼
개천을
돌고 도는 물소리같이
구르고 휘어진다
부딪치며
기쁨을 담아내고
달리는
사랑의 전도사다

일주문

하나로
세상을 받쳐 든다
쌓여가는 무게에도
슬쩍 밀어내는 바람에도
흔들리지 않는다
가벼운 마음으로
모든 것 놓고
문 열어 놓는다
즐거이 맞고
웃으며 보내고
하루를 1분처럼
중심 잡으며

진돗개

하나만 알고 산다
먹여 주는 사람에게
사랑으로 꼬리 흔들기
그 사람 말고 다른 놈은
좋아하지 않기

게스트

운동화 신고
헐렁한 옷차림에
배낭을 메고 다닌다
하-이 손들고
땡-큐 눈웃음 짓는다
어떤 음식을 내놓아도
맛있게 먹어 주는
허름한 침대 위에
사지 벌려 잠이 든다
아침이면
지도 한 장 펼치며
식빵 한 조각 뜯으며
하늘 한 번 보곤
미련 남기지 않고
놓았던 길 다시 걷는다

노다지

세상을 만나기 전
투박한 모습을
보여 주고 싶지 않다
고결한 자태
가꾸는 동안
장인의 손만 허락한다

야생화

천둥에 평온하고
비바람도 자유롭다
굳건함으로
바위틈을 비집고 산다
사슴이 입 맞추고
몇 번을 밟혀도
튼튼한 뿌리는
지치지 않고
줄기를 키운다

눈동자

깊이는 알지 못한다
넓이는 잴 수 없다
세상 담고, 그려 낸다
사랑이 살고
슬픔이 머무는
기쁨이 물결치는
우주를 여는 문이다

고스트

장난치려고
떠나고 싶지 않다
놀람에 떨든
즐거움이 되든
다가가 소리친다
몰래 가서 만진다
누군가를 쩔쩔매게 만든다

망가뜨리려고
세상을 떠돈다
기쁨을 시기하고
행복도 싫어한다
보는 대로 부수고
닥치는 대로 망가뜨린다
누군가를 파괴해 놓는다

올가미

죽음을
건네지는 않는다
표적을 정하고
살며시
그리고 정확하게
상대의 목을 노린다
걸려드는 순간
노예가 되어 버린다
삶과 죽음이
그의 손아귀에 놓인다
살아 있어야 한다는 이유로
걷고
숨 쉬고
움직여야 한다
무엇이든
주어진 일은 완수해야 한다

돌멩이

가벼움으로
여기저기 뒹군다
여기 부딪치고
저기 부서지고
그러나
한순간
분노가 나를 보게 하고
억울함이 나를 집어들게 한다
누군가의 머리로 날아가고
누군가의 가슴을 때린다
살아 있음을 살아야 된다는 것을

외동딸

고삐 풀린
망아지처럼 뛴다
자갈길도 모르고
멋대로 휘젓고 다닌다
따라다니며 치워 주고
넘어지면 일으켜 세워 준다
길마다 평탄하게 하지만
언제까지 울타리가 될지
걱정스러움이 떠나지 않는다

멋쟁이

자존심의
긴장감을 늘 유지한다
눈은 언제나
주변을 스캔하며
마음은 사람을 쫓는다
주변을 맴돌지 않고
언제나 중앙에 머문다
주어지는 시선이 부담스럽지 않다
모아지는 관심에 여유로움을 가진다
온몸을 자유 속에 던진다

사랑방

방바닥에
포탄을 잘라 만든
구릿빛 재떨이가 보인다

겨울이면
여닫이문에 붙인
작은 유리 조각에
가끔 눈을 들이대며
바깥 풍경에도 신경을 쓴다

드문드문
찾아드는 손님의
두런두런 이야기가
따뜻한 아랫목에 익어 간다

이슬비

세상을 향해
소리 없이 짖어댄다
하나둘
산이 멀어진다
길이 스며들고
가로수가 숨는다
흐린 물감이
유리창에 풍경화를 그린다

우산 들기에
너무 무겁다
그냥 맞기에는
어깨가 젖는다
그래도, 우산 들고
발끝 내려다보며
초대장 들고 길을 나선다

하느님

사람이 머무는 곳에
항상 눈길을 주시고
아버지가 되어 지켜본다

사람 마음 가는 곳
관심으로 둘러보시고
어머니 같이 함께한다

잘못된 일에 찡그리고
착한 일에 미소 짓는
어린이 같은 마음으로 살핀다

있는 듯 없고
없는 듯 있고
어디 계시는지는 모른다

열사병

덥다
말을 해도
듣지 않고

덥다 덥다
소리쳐도
못 들은 척

뜨겁다
경고해도
괜찮아 괜찮아

헉헉 허억
아우성 들리는데
소리가 의식에서 사라진다

상비약

두려움 밀어낸 자리
마음을 모아
작은 상자에 넣어 놓는다

급한 마음
위로해 주는
시간을 곁에 놓아둔다

햇살에 날카로움
시간의 까칠함을
묶어 놓는 힘이다

전문가

시간을
한 칸 한 칸 쌓아 올린다
비뚤어지기도 한다
쓴 미소 지어내며
반듯하게 올려놓는다
그렇게
탑이 쌓이면 세상이 보인다

노력에
칸칸을 닦는다
조금 거칠다
화내기도 하고
언제나 매끄럽게
유리창을 닦는다
안개 같은 세상이
선명한 세계로 다가온다

새우잠

불안한 만큼
웅크려지는 힘이다
몸이 불편해도
쉽게 잊어버린다
가볍지 않아도
잠시 놓고
헝클어져 있어도
잠깐 던져두고
옷깃 여미며
동그랗게 말아본다

국화차

불어온 바람이
서늘함을 풀어 놓는다
움츠림보다는
상큼함에 기지개를 켠다
향기에 놀라
바람이 달아나고
놀란 꽃잎들이 눈을 뜬다
바람을 보며
햇살로 숨을 쉰다
별빛 향기에
가슴 적시며
가을을 온몸으로 만난다
차 한 잔의 따스함이
온전하게 가슴에 스며든다

농어촌

헛간에
호미들이
씻지도 못하고
못에 매달려 누에처럼 잠든다
지친 노곤함에
꼬부라진 괭이가
길게 누워 잠들어 있다
달려드는 새벽을 쫓으며
밀려드는 잠을 깨운다

새벽이
불고기를 만든다
밧줄을 풀며
잠든 배를 깨운다
잠으로 얻은 힘이
콩닥콩닥 바다를 헤엄쳐 간다
수평선 너머
마중 나온 일출이
황금빛 세상을 열어 준다

검정콩

그리움이
까맣게 태어난다

기다림으로
검게 검게 익어 간다

즐거움은
콩닥콩닥 타들어 간다

피바다

모으고
또 모이면
하늘까지 쌓았다
부딪치면
하나만 보인다
참고
또 참고
참고 참았다가
터져버리면
막을 힘이 없다
끄끄끅이 땅을 적실 때까지

묵정지

발길이
끊긴 지 오래다
호미가 잡초를 뽑아내는
풍경화를 그리지 않는다
철 만난 잡초들이 살림을 차렸다
어디서 왔는지
뿌리 내린 버드나무가
커다란 그림자 널어놓는다
밥 냄새를 기억하지 못한다
굴뚝 연기는 이야기가 되어 간다
봄날, 나물 캐는 할머니를 기다린다

초승달

어둠을
밀어내기에는
힘겨운 시간이다
그래도, 주어진 시간만큼
견디며 의무를 수행해야 한다
반짝이는 별들 속에
스며드는 존재지만
그래도, 이름을 걸고
자리를 지키며
명예를 놓지 않는다

도덕성

내가 어기면
다른 사람이 불편하다
다른 이가 어기며
내가 화를 내게 된다

불편함을 달고
기다림을 가지고 있다
시간이 지나면
모두가 편하고 즐겁다

너와 나
사람 사이에
최소한의 간격이다
무너져서 안 되는 틈이다

구슬땀

시간도 멀리하고
온몸으로 매달린다
울퉁불퉁 근육이 춤춘다

시끄러움도 잊고
한마음으로 다가선다
잔잔한 미소가 일어난다

제4부

아스팔트

시커먼 열정이
언제나 태양을 덥힌다
풀 한 포기 키우지 못하는
몹쓸 모정이다
물방울 하나 품지 못하는
메마른 가슴이다
뱀처럼 골짜기에 스며들고
거북이같이 산기슭을 오른다
푸른 숲에 뿌리를 박고
시간을 먹어 치운다

전원주택

더디게
느린 햇살이
대문에 들어서며
인기척을 내도
창문 너머에는
대답의 소리가 없다
텃밭에 고추 살피고
상추 몇 포기 바라보다
넓은 창 들여다봐도
발걸음 소리가 들리지 않는다
데크에 혼자 앉아
깜박 졸다 보면
게으른 주인이
성큼 다가와 누구냐고 묻는다

혈육지정
—공기

진하다
묽어지지 않는다

세상 무엇이
들어와도 끊어지지 않는다
다른 어떤 것이
스며들어도 바뀌지 않는다

세상에 나올 때
그 모습 그대로
세상을 등질 때
온전히 갖고 떠난다

은하성단

홀로 가야 하는 길
외로움이 따라올까
하나둘 모여든다

서로의 눈빛만이
서로를 인정하고
소곤소곤 소리 없이 위로한다

시간의 다리는
길을 만들지 못하고
멀리서 서로의 존재만을 잊지 않는다

설거지물

정해진 것도 없다
길 따라 흘러왔다
꼭지에서 떨어지는 순간
예쁜 냄비에 담기지 못하고
지저분한 그릇들 위에 쏟아진다
사람의 맛 맞춰 주고
얼룩진 피곤함에 젖은
그릇들 위에 떨어진다
하나둘 씻겨 주다 보면
투명함은 사라지고
희뿌연 속마음 감추다가
쭈-욱 소리에 놀라 배수관에 빠진다

불꽃놀이

별을 쏘아 올린다
캄캄한 가슴을 담아
하나의 별이 되어 볼까
총알처럼 달려가던 희망이
낙석처럼 흘러내린다
다시 어둠이 있고
아주 먼 별빛이 번진다
불붙이며 희망을 쏘아 올린다

아마존강

얼마나 많은 것을
먹여 살리는지 모른다
가슴에 품어
재우고 먹여주고 짝지어 준다
토닥토닥 쪼아대도
아프다고 말하지 않고
덜컹덜컹 파먹어도 찡그리지 않는다
병들어 가는지 모르고 살았다
곳곳이 붉게 타고 마디마디 찢어진다
죽음을 재촉하듯 자르고, 파고

백두대간

힘으로 솟아나고
열정으로 이어지는
끊어지지 않는 긴 역사를 가졌다

멈추지 않고
힘차게 달려가는
미래를 가진 기관차다

으아아앙

숨이
목구멍을 터트리기 전
세상을 향해 쏟아 낸다
잠든 달을 깨우고
휴식 중인 별을 부른다
모든 귀들이 펄럭이고
수천 개의 눈들이 모인다
나 왔다고
나 있다고
화산이 되어 쏟아 낸다

천년고찰

시간이 기둥을 깎는다
바람이 댓돌을 닦는다
많은 소원들이
경내를 맴돌다 떠난다
많은 미련이
법당을 떠돌다 사라진다
오늘도
총총한 걸음들이
일주문을 들어오고
부처님 앞에
오체투지 절 올리며
사연을 풀어 놓는다

파트라슈*

외로움
달래 주는
덩치 큰 놈

따스함
옮겨 주는
하얀 놈

* '플란다스의 개'에서 주인공 개의 이름

백년지객

인연의
끈이 묶여야 한다
가족이지만
손님처럼 생각한다
편안함보다는
조금 거리가 있다
씨암탉을 잡아야
대접한 마음을 세운다
그렇게 울타리를 키운다

일확천금

쌓이는 것도
모이는 것도 아니다
오직
한순간에 주어지는 것이다
작은 것은 보이지 않고
제일 큰 것만 찾는다
세상을 바꾸고
그 세상 위에
유아 독존하기 위해
'한 탕'만 보고 달린다

해바라기

그리움이
노랗게 물들어 간다
사모함이
녹색으로 젖어 간다
거리만큼이나
애틋함으로 고개를 든다
보아달라고
소리치지 않고
묵묵함이 말을 전한다
내가 보고 있음을
당신이 알아줬으면 좋겠습니다

카리스마

창끝으로
무장하지 않아도
선뜻선뜻 다가온다

검은 총구로
겨냥하지 않아도
성큼성큼 쏘아 댄다

말하지 않고
고요함으로
한 걸음 물러나게 한다

저승사자

만나고 싶다고
만나지는 것은 아니다
보고 싶지 않아도
눈앞에 마주쳐야 한다
어쩌면
주변을 맴돌다
어느 순간 뛰쳐나온다
한참 쳐다보고
굳이 길동무가 되어 준다
먼 길 함께 가는

목함지뢰

한 발
또 한 발
오솔길을 가더라도
까치발로 걸어야 한다
산을 오르다가도
도둑 발로 올라야 한다
목숨을 노리지는 않는다
마주치면
나가지 못하고
주저앉아
뭉클거리는
시련의 언덕에서
시간을 지켜야 한다

기암괴석

무엇이 지나간 것일까
누군가의 흔적이다
얼마나
억겁의 시간이 흘러들었다
수억의 빗방울이 부딪치고
수천 길 바람이 스쳐 가고
아픔만큼 내어 주고
견딜 만큼 참아 내고
이제 남은
마지막 자존심을 세운다

무남독녀

금지옥엽이다
할아버지 무릎 위에 놀고
할머니 가슴에서 자란다
차가운 땅에 서지 않고
거친 대지는 밟지도 않는다
곱게 곱게
하늘을 날며 산다
아버지는 지갑을 열고
엄마가 졸졸 뒤를 따른다
부족하지 않을까
아프지 않을까

패션 모델

거리가 무대다
무대가 거리이다
자연스러움 넘어서는
아름다움이 흘러나온다
눈길 끌고 가는
매력을 가지고 있다
선망의 눈길 받으며
우수한 기럭지로 걸어간다
한 발걸음
한 번의 몸짓으로
아름다움을 내놓고 자랑한다
나는 최고!

구중궁궐

대문 밖에 대문이다
열어도
또 열어야 하는 문이 있다

살찐 음식
편안함이 머물고
안락함이 숨 쉬는 곳이다

바람이 넘지 못하고
새들도 날지 못하는
강한 시간이 머문다

가끔 오는 경련도
어깨 흔드는 흥타령도
담벼락을 돌다 지친다

집중호우

무엇이
그리 무서운지
몰려다니며 헤집어 놓는다
두려움 떨쳐 버리듯
우르르 쾅쾅 소리 지른다
모퉁이 발로 차고
산비탈 어깨로 부딪치고
계곡 따라 떼 지어 다닌다
논도 타고 넘고
집도 기웃거린다
황톳빛의 두려움에
푸른 바다로 몰려간다

옥황상제

만 리 쯤 위에
세상을 내려다보고 있을까
망원경도 없이
살펴보면 눈이 괜찮을까
좋은 사람 상 주고
나쁜 놈 벌주려고
다리는 아프지 않을까
가끔, 천도복숭아 드시며
맛있다는 표정 지을까
24시간 세상의 평온함을 키운다

모래사막

모래가
햇살을 덥힌다
달구어진 모래는
바람을 따라 산에 오른다
장벽을 세우고
열은 가마솥을 만든다
태양이 불을 지른다
떠나지 못하는
이글대는 뜨거움이
사막 위에 뒹군다
지평선 너머
야자수 열매는
바람을 일으켜 물을 부른다

만병통치

하나로
하나를 해결한다는 것은
비경제적이다
하나로
둘 이상은 만들어야
당연한 일이다
하나가 전부가 되며
하나가 모든 것이 된다
불안함이 완전함이 되이
세상 가운데 우뚝 선다

명인 명장

손끝이 퍼렇게 물든다
손바닥에 옹이가 박힌다

고통 헤아리지 못하고
절망은 깊이를 알 수 없다
떠나려는 것은 잡아 두고
주저앉는 것을 일으켜 세운다
본능처럼 몸을 묶으며
마지막, 마지막이다

곳곳을 스치는
날카로운 상처가
온몸에 꽃처럼 피어난다
손이 기계 되고
눈은 잣대가 된다

고양이 잠

햇살이 창을 깨며
화살처럼 쏟아진다
부드러운 털들이
따사로움을 튕겨 낸다
귀 세우고
눈을 감는다
바람이 유리창 위로
소리 없이 흘러내린다
가끔, 꼬리 세워 온도를 체크한다

다도 여행

향기 따라
조금만 가자
그렇게
가슴에 담고
토닥토닥 걷다가
잠시 머문다
풀어 놓은
찻잔 속에
구불구불 만 리 길이 떠 있다

두메 산골

하나둘
산모퉁이를 돈다
개울 건너고 또 건너고
토끼가 지나가고
노루가 뛰어가던
그 길을 걸어간다
우거진 나무가
햇살을 숨기고
푸석푸석 나뭇잎이
길을 재촉한다
길이 끝나고
해가 하늘 가운데 매달리는
산 중턱 햇볕 드는 곳
옹기종기 모여 있는
몇 채의 너와집이 있다

알콩달콩

부족하지만
부족함을 느끼지 않는다
웃음으로 감싸며
행복하게 살아간다

가득하지 않지만
모자람을 느끼지 않는다
미소 지으며
즐거움으로 살아간다

피골상접

가난이
만드는 병이다
끼니를 챙기지 못하고
죽지 않을 만큼
이것저것 찾아 먹는다
찾아드니 고통이다

열정이
만드는 상처다
끼니를 잊고 산다
쓰러지지 않을 정도
조금조금 챙겨 먹는다
스며드는 죽음이다

문전옥답

싸리문 너머
들판이 출렁인다
바라보는 것으로 배가 부르다
물대고 씨 뿌리면
하늘이 키운다
비가 감싸고
바람이 말려 주고
가을이면 먹을 것을 준다

대보름달

어느 한 곳
부족함이 없다
가장 크고
가장 밝은 모습이다
어둠을 뒤로하고
밤마다 모았던 기도를
밤마다 들었던 소원을
하나도 잊지 않고
그 사람들을 찾아가
부족한 마음 채워 주고
아픈 마음 위로한다

인간 도리

아버지의 이름으로 산다
거친 손을 외면하지 않는다
하루의 배고픔을 잊고
가족의 기둥으로 산다

어머니의 마음으로 머문다
산통도 참아내고
짜증 내는 자식을 안는다
가정의 따뜻함을 지킨다

자식이라는 이름으로 산다
부모님 공경하고
세상 잘 적응하며
행복을 집에서 피운다

개발의 땀

달려도 달려도
땀이 나지 않는다
해도 해도
목적지가 보이지 않는다
의지를 붙잡고
하나만 보고
땀이 날 때까지 달려 본다
희미한 불빛이
위안처럼 등대가 된다

이광수 시집
으아아앙

저　자 | 이광수
발행자 | 오혜정
펴낸곳 | 글나무
서울시 중구 수표로 45. 비즈센터 905호
전　화 | 02)2272-6006
등　록 | 1988년 9월 9일(제301-1988-095)

2019년 10월 31일 초판 인쇄 · 발행

ISBN 979-11-87716-37-2 03810

값 8,000원

저자와 협의하여 인지를 생략합니다.